# MILTON FRIEDMAN: RESÚMENES SELECCIONADOS

MAURICIO FAU

# DEDICATORIA

A mis hijos Elías, Selva, Greta, Ciro y Yaco.

A mi hija de la vida Emma.

A mi esposa Cecilia.

# Contenido

**Friedman, Milton (1912 →):** Economista y matemático norteamericano, la figura más destacada del **monetarismo** y fundador de la **Escuela de Chicago**. Apoyándose en la **curva de Phillips**, criticó al **keynesianismo**, dando importancia a la **política monetaria** y reivindicando un **Estado mínimo** opuesto al **Estado de Bienestar**. Autor clave del pensamiento **neoliberal**, fue asesor del **Presidente** norteamericano R. Nixon. Entre sus obras principales encontramos a: *Inflación: causas y consecuencias* (1965) y *Teoría de los precios* (1976).

# EL PENSAMIENTO NEOCONSERVADOR

## CAPÍTULO 1   EL PODER DEL MERCADO

Friedman, uno de los pensadores fundamentales del pensamiento neoconservador, también llamado neoliberal, comienza razonando del siguiente modo: "ALGUIEN DEBE DAR ÓRDENES PARA ASEGURAR QUE SE FABRIQUEN LOS PRODUCTOS ADECUADOS", en las cantidades precisas, para estar disponibles en los lugares necesarios.

Las órdenes deben ir acompañadas por la cooperación voluntaria (técnica de coordinación de las actividades de gran número de personas). Del mismo modo que ninguna sociedad funciona completamente en base al principio jerárquico, tampoco hay ninguna que lo haga de manera exclusiva en base a la cooperación voluntaria: TODA SOCIEDAD TIENE ELEMENTOS DE IMPOSICIÓN.

El intercambio voluntario clandestino puede evitar el hundimiento de una economía que funcione a base de órdenes, permitir que vaya tirando e incluso hacer que consiga algún progreso.

FRIEDMAN SOSTIENE QUE EL INTERCAMBIO VOLUNTARIO NO ES CONDICIÓN SUFICIENTE PARA LOGRAR LA PROSPERIDAD Y LA LIBERTAD. PERO ES CONDICIÓN NECESARIA TANTO PARA LA PROSPERIDAD COMO PARA LA LIBERTAD

# La cooperación por medio del intercambio voluntario

Friedman hace el siguiente planteo: ni un solo individuo que toma parte en una fábrica de lápices llevó a cabo su tarea porque quisiese un lápiz. Cada uno de ellos ve su trabajo como un medio para obtener los bienes y servicios que desea, bienes y servicios que hemos producido para obtener el lápiz que deseamos.

## El papel de los precios

La idea clave de "La riqueza de las naciones" de Adam Smith es engañosamente sencilla: si un intercambio entre dos partes es voluntario, no se llevará a cabo a menos que ambas crean que dicho intercambio les beneficiará.

El sistema de precios es el mecanismo que desempeña esta misión sin necesidad de una dirección centralizada. Permite que los individuos cooperen pacíficamente durante breves momentos, mientras que durante el resto del tiempo, cada cual se ocupa de sus propios asuntos.

Los PRECIOS desempeñan TRES FUNCIONES en la organización de la actividad económica: primero, TRANSMITEN INFORMACIÓN; segundo, aportan el ESTÍMULO PARA ADOPTAR los MÉTODOS DE PRODUCCIÓN MENOS COSTOSOS; tercero, determinan quién obtiene las distintas cantidades del producto –la llamada DISTRIBUCIÓN DE LA RENTA-. Estas tres funciones están relacionadas.

## La transmisión de información

El sistema de precios sólo transmite la información importante y únicamente a las personas que necesitan conocerla. Esta transmisión se ve enormemente facilitada en la actualidad por mercados organizados y por posibilidades de comunicación especializada. Ejemplo: la información que brinda el Wall Street Journal.

Todo lo que impide que los precios expresen libremente las condiciones de oferta y demanda obstruye la transmisión de información correcta. El monopolio no la impide pero si la falsea.

EL ESTADO ES EL FOCO PRINCIPAL DE LA CRÍTICA NEOCONSERVADORA AL CREAR INTERFERENCIAS CON EL SISTEMA DE

MERCADO LIBRE, POR MEDIO DE ARANCELES Y DEMÁS POLÍTICAS TENDIENTES A FIJAR O AFECTAR DETERMINADOS PRECIOS

## Incentivos

Uno de los aspectos positivos del sistema de libertad de precios es que aquellos que transmiten la información proporcionan incentivos para reaccionar y medios para hacerlo. EL PRECIO MÁS ELEVADO LE INCENTIVA A AUMENTAR SU PRODUCCIÓN, dándole también los medios para hacerlo.

Pero el efecto de incentivos se manifiesta también sobre los trabajadores y los propietarios de otros recursos productivos. Una mayor demanda de madera redundará en un salario más elevado para los leñadores. Se demandarán más leñadores. El mejor salario da a los obreros un incentivo para actuar en base a esa información.

## La distribución de la renta

LA RENTA QUE CADA PERSONA OBTIENE A TRAVÉS DEL MERCADO SE DETERMINA MEDIANTE LA DIFERENCIA ENTRE LO QUE INGRESA EN CONCEPTO DE VENTA DE BIENES Y SERVICIOS Y EL COSTO DE DICHA PRODUCCIÓN

Los ingresos consisten principalmente en pagos directos por los recursos productivos que poseemos. El precio que el mercado establece por los servicios de nuestros recursos se ve afectado también por una desconcertante mezcla de azar y elección.

EN TODA SOCIEDAD, POR ORGANIZADA QUE ESTÉ, LA DISTRIBUCIÓN DE LA RENTA SIEMPRE PRODUCE DESCONTENTO.

## Una visión más amplia

La cooperación se efectúa a escala mundial, lo mismo que sucede en el mercado económico. El interés o egoísmo personal no equivale al egoísmo miope, sino que engloba todo cuanto interesa a los participantes en la vida económica.

# El papel del Estado

SEGÚN FRIEDMAN, EL ESTADO ES UNA FORMA DE COOPERACIÓN VOLUNTARIA, UNA FORMA QUE ELIGEN LAS PERSONAS PORQUE CREEN QUE ES LA MANERA MÁS EFICAZ DE ALCANZAR SUS OBJETIVOS[1]

Es el organismo al que se le atribuye el monopolio del empleo legítimo de la fuerza o la amenaza de emplearla como un medio por el que unos podemos imponer limitaciones legítimas a otros.

De acuerdo con el sistema de orden natural, el ESTADO ("el soberano") sólo debe atender a TRES OBLIGACIONES: PROTEGER A LA SOCIEDAD DE ATAQUES

---

[1] Esta definición del Estado es común a la mayor parte de los autores burgueses, sean neoconservadores, keynesianos u otras tendencias.

DEL EXTERIOR, ADMINISTRAR JUSTICIA Y REALIZAR OBRAS PÚBLICAS.

Un cuarto deber del gobierno, según Smith es el de proteger a los miembros de la comunidad que no puedan valerse por sus propios medios.

## Un mandato limitado en la práctica

Las características físicas y humanas limitan las alternativas de que disponemos.

Friedman plantea que NADA NOS IMPIDE, EDIFICAR UNA SOCIEDAD QUE SE BASE EN LA COOPERACIÓN VOLUNTARIA PARA ORGANIZAR TANTO LA ACTIVIDAD ECONÓMICA COMO LAS DEMÁS ACTIVIDADES, QUE MANTENGA AL ESTADO EN SU SITIO, HACIENDO QUE

# SEA NUESTRO SERVIDOR Y NO DEJANDO QUE SE CONVIERTA EN NUESTRO AMO[2].

---

[2] Como se advierte, la raíz de clase del Estado es ignorada por completo.

# CAPITALISMO Y LIBERTAD

## CAPÍTULO 1    LA RELACIÓN ENTRE LIBERTAD ECONÓMICA Y LIBERTAD POLÍTICA

Muchos piensan que la libertad individual es un problema político y el bienestar material un problema económico. Friedman piensa que no es posible unir una organización económica socialista con el respeto a las libertades individuales y democráticas. La libertad económica es una parte importante de la libertad total. EL CAPITALISMO COMPETITIVO ES LA ORGANIZACIÓN ECONÓMICA QUE PRODUCE LIBERTAD ECONÓMICA Y POLÍTICA, ya que separa el poder económico del poder político, permitiendo que uno contrarreste al otro. La libertad política nació con el mercado libre y el desarrollo de las instituciones capitalistas; el capitalismo es una condición necesaria, según este autor, para la libertad política. Pero no es una condición suficiente, ya que puede haber CAPITALISMO SIN LIBERTAD, como el nazismo alemán, la Italia fascista o la Rusia de los zares, que tienen una organización económica basada en la propiedad privada y organizaciones políticas no libres. Las dos guerras mundiales aceleraron la INTERVENCIÓN DEL ESTADO EN LA ECONOMÍA, predominando la tendencia al colectivismo. Así, la defensa de la libertad, y no la del bienestar, pasó a ser central. Para Dicey, Mises, Hayek y Simons, la libertad económica era un medio para lograr la libertad política. Pero LA PLANIFICACIÓN CENTRAL FRACASÓ, atropellando derechos privados que son sagrados.

Para los LIBERALES (como Friedman) LA LIBERTAD DEL INDIVIDUO ES UN FIN ÚLTIMO. Los problemas éticos son un asunto de cada individuo; cada uno debe decidir qué hacer con su libertad. Hay dos tipos de valores que aprecian los liberales: los que se refieren a las relaciones entre la gente (dominio de la libertad), y los que se refieren al individuo en el uso de su libertad (dominio de la ética y la filosofía individuales). El PROBLEMA BÁSICO DE LA ORGANIZACIÓN SOCIAL es cómo coordinar las actividades económicas de mucha gente; la tarea de quien cree en la libertad es reconciliar esta interdependencia con la libertad individual. Sólo hay dos maneras de responder a eso: una es la dirección central, desde el Estado totalitario, que implica el uso de la fuerza. La otra es la cooperación voluntaria de los individuos. Una es la técnica del ejército y del Estado totalitario moderno, la otra es la técnica del mercado. Esta segunda, se apoya en que las transacciones económicas sean voluntarias y sin uso de la fuerza, y que sus actores sean unidades domésticas independientes. NO HAY INTERCAMBIO SI NO SE BENEFICIAN CON ÉL AMBAS PARTES. Además, debe haber especialización por funciones y división del trabajo. Las empresas son intermediarias entre los individuos, que suministran servicios y compran bienes. Para facilitar el intercambio se introduce el dinero. Hay una COOPERACIÓN INDIVIDUAL Y VOLUNTARIA, con dos requisitos: a) las empresas deben ser privadas, para que las partes contratantes sean individuos y, b) que los individuos sean libres de participar o no de los intercambios. Todo esto se hace en el marco de la ley, para que ningún individuo pueda usar la fuerza física sobre otros, y para hacer cumplir las obligaciones contraídas voluntariamente. La clave es la COMPETENCIA: el comprador está protegido del abuso de vendedor porque hay otros vendedores, y lo mismo al revés; el empleado está protegido contra el patrón porque puede trabajar para otros patrones. Y el MERCADO hace todo esto por sí solo, sin necesidad de intervención de una autoridad central. LA ECONOMÍA LIBRE DA A LA GENTE LO QUE ÉSTA QUIERE. El GOBIERNO es necesario como ÁRBITRO, que determina las reglas de juego. Lo que hace el mercado es reducir el número de asuntos que hay que decidir políticamente. La LIBERTAD POLÍTICA implica que ningún hombre ejerce la fuerza sobre los demás. El poder económico, separado de la política, frena al poder político. Una de las señales de la libertad política de una sociedad capitalista, según el autor, es que un individuo puede hacer propaganda a favor del socialismo, siempre que no haga uso de la fuerza. En la sociedad capitalista, lo único que se necesita es convencer a unas cuantas personas con dinero para que den fondos para lanzar una idea. En una sociedad socialista esto no es posible, porque el Estado es todopoderoso (Friedman usa "socialista" para hablar de lo que se conoce como "estalinismo". El socialismo, en realidad, es antiestatista, ya que ve al Estado como un instrumento de opresión usado por la clase dominante para oprimir al resto de las clases). En una sociedad de mercado libre, basta con tener los fondos. Así, las compañías de Hollywood han usado obras de escritores, a pesar de que los mismos estaban en listas negras (censura), porque las empresas obtenían buenas ganancias. LA PROTECCIÓN PARA LOS PERSEGUIDOS POLÍTICOS ES UNA ECONOMÍA DE MERCADO PRIVADA, QUE LES DA TRABAJO. La discriminación (sea contra los negros, los comunistas o quien fuere) no es culpa del mercado, al contrario.

# CAPÍTULO 2

## LA FUNCIÓN DEL ESTADO EN UNA SOCIEDAD LIBRE

Para un liberal, supuestamente, lo principal es la cooperación y la libre discusión, evitando el uso de la fuerza. De eso se encarga el mercado. Sin embargo, tenemos que usar canales políticos para reconciliar las diferencias. Siempre es preferible aceptar las decisiones de la mayoría.

# EL ESTADO COMO HACEDOR DE REGLAS Y COMO ÁRBITRO

## FUNCIONES BÁSICAS DEL ESTADO EN UNA SOCIEDAD LIBRE (QUE PARA FRIEDMAN ES EL CAPITALISMO LIBERAL)

- Ser un medio para cambia reglas
- Mediar entre las diferencias que surjan entre los individuos
- Imponiendo el cumplimiento de las reglas

La libertad absoluta es imposible; la anarquía no es posible en un mundo de hombres imperfectos.

CUANDO LAS LIBERTADES DE LOS HOMBRES ESTÁN EN CONFLICTO, HAY QUE LIMITAR LA LIBERTAD DE UN HOMBRE PARA PRESERVAR LA DEL OTRO

Según la teoría liberal, el ESTADO implica el MANTENIMIENTO DEL ORDEN Y LA LEY PARA IMPEDIR EL USO DE LA FUERZA DE UN INDIVIDUO SOBRE OTRO, para hacer cumplir los contratos voluntarios y para garantizar el DERECHO DE PROPIEDAD.

## ACCIÓN ESTATAL JUSTIFICADA POR EL MONOPOLIO TÉCNICO Y POR LOS EFECTOS DE VECINDAD

El monopolio es la ausencia de alternativas, impidiendo la libertad de intercambios. Hay MONOPOLIO TÉCNICO cuando el mismo surge del mercado. Hay tres formas: PRIVADO, PÚBLICO Y REGULACIÓN PÚBLICA.

Para Friedman, el monopolio privado es el menor de los males. El monopolio técnico puede justificar, a veces, un monopolio público de hecho. Cuando las acciones de los individuos tienen efectos sobre otros, efectos que no se les puede compensar, y que no se pueden modificar, estamos en presencia de los EFECTOS DE VECINDAD. Ejemplos: la contaminación de un arroyo o la financiación de las rutas. Los efectos de vecindad pueden servir para limitar las acciones del Estado o para extenderlas. Además, impiden el intercambio voluntario porque es difícil identificar los efectos sobre terceras partes. Por otra parte, el uso del Estado como medio de evitar los efectos de vecindad, tiene en sí mismo un efecto de vecindad, ya que TODA INTERVENCIÓN ESTATAL LIMITA LA LIBERTAD INDIVIDUAL Y AMENAZA SU PRESERVACIÓN.

# ACCIÓN ESTATAL CON FUNDAMENTO PATERNALISTA

La libertad sólo es alcanzada por individuos responsables; no hay libertad para los locos o los niños. Con ellos, los irresponsables, es inevitable el PATERNALISMO. A los locos no podemos darles libertad, ni tampoco estamos dispuestos a fusilarlos. Por lo tanto, de ellos debe hacerse cargo el Estado. Es la opinión de Friedman.

# CONCLUSIONES

# FUNCIONES QUE DEBE TENER EL ESTADO

- Mantener el orden y la ley
- Definir el derecho de propiedad Hacer cumplir los contratos
- Fomentar la competencia
- Dar un sistema monetario
- Evitar los monopolios técnicos y contrarrestar los efectos de vecindad
- Proteger a los irresponsables

El ESTADO LIBERAL, como se ve, da al Estado varias funciones. No es un anarquista. Pero limita esas funciones, a diferencia de lo que hicieron los Estados capitalistas en la segunda posguerra (con el llamado Estado de Bienestar keynesiano).

Así, EL ESTADO NO DEBE INTERVENIR EN: el mantenimiento de precios, aranceles o restricciones a exportaciones e importaciones, control de la producción, rentas, precios o salarios, reglamentaciones detalladas, control sobre los medios de comunicación, seguros sociales, licencias, subsidios para la vivienda, parques nacionales, correos, rutas, etc. Esta lista de funciones es mucho más larga.

www.ingramcontent.com/pod-product-compliance
Lightning Source LLC
Chambersburg PA
CBHW071123220526
45467CB00004B/2033